UNION DES FEMMES DE FRANCE

UNION DES FEMMES DE FRANCE

LES TROIS SOCIÉTÉS DE SECOURS

AUX

BLESSÉS MILITAIRES

ET LE

SERVICE DE SANTÉ DE L'ARMÉE

EN TEMPS DE GUERRE

Conférence faite à Nimes le 28 juin 1888

AU COMITÉ DE L'UNION DES FEMMES DE FRANCE

Par M. A. DERAZEY

Médecin-principal de 2ᵐᵉ classe des Hôpitaux militaires.

NIMES

IMPRIMERIE ROGER ET LAPORTE
5, Place St-Paul, 5

1888

LES TROIS SOCIÉTÉS DE SECOURS

AUX

BLESSÉS MILITAIRES

ET LE

SERVICE DE SANTÉ DE L'ARMÉE

EN TEMPS DE GUERRE

MESDAMES,

L'empressement que vous avez mis à vous ranger en si grand nombre sous la bannière de l'Union des Femmes de France est la preuve de l'importance que vous attachez à cette œuvre humanitaire et véritablement patriotique.

Mon ancien collègue et ami, M. le docteur Bouloumié, vous a exposé en termes éloquents avec sa parole sympathique, quel en est le véritable caractère et quel est son objet. J'y reviendrai néanmoins pour bien préciser quel sera votre rôle et le concours que vous apporterez le jour où le pays viendra faire appel à tous les dévouements.

Mais je chercherai surtout, Mesdames, à établir l'utilité incontestable des conférences que j'ai l'honneur d'inaugurer, et votre assiduité à suivre nos réunions récompensera largement de leurs efforts les personnes qui veulent bien accepter la tâche délicate d'initiateurs. Il s'agit, en effet, de captiver votre attention au sujet de questions tout-à-fait spéciales, auxquelles vous êtes jusqu'à ce jour demeurées complètement étrangères, et de faire naître votre enthousiasme pour des obligations que vous ne pouvez entrevoir qu'à distance.

C'est le devoir de l'homme d'exposer sa vie pour la défense du sol natal; mais si vos existences sont trop précieuses pour qu'on vous en demande le sacrifice, en revanche je suis certain qu'on ne verra pas une française dont le cœur restera indifférent à l'heure de ces terribles calamités qu'un avenir menaçant nous prépare.

Aujourd'hui l'Armée renferme toutes les forces viriles de la Nation; la plupart d'entre vous y compte un mari, un fils ou un frère; il serait donc injuste, même barbare, de ne pas faire le plus chaleureux accueil à l'assistance que vous nous offrez, assistance si généreuse et toute maternelle.

Je passerai successivement en revue :

L'origine des trois Sociétés de secours qui existent en France ;
Leur but respectif et leur fonctionnement en temps de guerre.

Mais auparavant, permettez-moi d'insister sur l'importance d'une préparation de longue haleine, si vous voulez que l'œuvre nationale que vous venez d'entreprendre produise tous ses fruits. Votre dévouement et tous vos efforts resteraient incapables si des mesures d'organisation prises longtemps à l'avance ne vous permettaient pas d'agir en temps opportun, et si une connaissance parfaite de vos nouvelles obligations ne vous mettait pas à même de diriger et de surveiller le fonctionnement des services qui vous seront confiés. Il importe donc d'établir pour chaque groupe de votre personnel des règles bien définies, assignant à chacune ses principales attributions.

Voyons ensemble, si vous le voulez bien, le chemin que vous avez déjà parcouru dans la voie que vous vous êtes tracée et celui qui vous reste encore à franchir pour atteindre votre but. Vous avez déjà réuni de nombreuses adhésions, votre comité directeur est constitué, ainsi que vos différentes commissions, et ce magnifique succès fait le plus grand honneur aux âmes généreuses dont le patriotisme a su grouper autour d'elles tant de bonnes volontés.

C'est déjà beaucoup, en effet, d'être assuré que les dévouements ne vous feront pas défaut le jour des grands besoins; mais que de travail n'avez-vous pas encore sur le chantier! Il faut que tout votre personnel acquierre certaines connaissances techniques indispensables, aussi bien les dames du monde que les employées subalternes, c'est-à-dire votre personnel dirigeant comme celui d'exécution. D'ailleurs, celui-ci est encore à recruter, et c'est à ce propos que M. le Secrétaire général de l'Union m'a exprimé à plusieurs reprises son regret que la remarquable conférence qu'il nous a faite n'ait pas été rendue tout-à-fait publique; c'eût été un moyen de trouver des adhérentes dans la classe qui ne peut offrir que son cœur et ses bras.

Vous avez, en outre, Mesdames, à recueillir des engagements pour la constitution du matériel de vos hôpitaux, ainsi que des promesses de dons en objets de toute nature pouvant servir au bien-être des convalescents auxquels, dans votre sollicitude maternelle, vous voudriez rendre jusqu'à la joie et la gaieté.

Vous devez prévoir, préparer et faire exécuter toutes les mesures qui peuvent coopérer à l'hospitalisation et au traitement des malades évacués des armées. Mais vous ne pouvez pas attendre au dernier moment pour vous mettre à l'œuvre, il serait beaucoup trop tard ; vous devez être prêtes à entrer en action presque au début des hostilités. En effet, tous les malades et blessés sont des non-valeurs pour les armées combattantes ; bien plus, par leur nombre, ils entravent ses mouvements, absorbent ses vivres et nécessitent un nombreux personnel de secours, sans compter les terribles épidémies qui peuvent naître de leur accumulation, comme le typhus, la dyssenterie, le scorbut et la pourriture d'hôpital. Aussi tous les efforts du commandement et des médecins d'armée tendent-ils aujourd'hui à éloigner le plus rapidement possible du théâtre des opérations tous ceux qui ne sont plus en état de combattre, et à ne garder aux abords du champ de bataille que ceux dont la gravité de leur état ne permet pas leur transport au loin par les voies ferrées. Ils sont alors confiés aux soins de la *Société de la Croix-Rouge.* Mais cette catégorie de malades ou de blessés se réduit même considérablement lorsqu'il est possible d'utiliser les canaux pour opérer leur transport sans la moindre secousse.

Ainsi que vous l'a exposé M. le docteur Bouloumié : « Rien » aujourd'hui ne doit être livré au hasard, la guerre elle-même » devient une œuvre scientifique. Elle doit être dès longtemps » préparée. Tout son personnel doit être instruit, toujours prêt, » entraîné, le personnel de secours comme celui des combattants.

» Il y aura lutte de vitesse, et de la rapidité de la mobilisation, » c'est-à-dire de l'organisation des troupes sur le pied de guerre » et de leur concentration en face de l'ennemi, dépendront les » premiers succès, et nous savons en France de quelle impor- » tance ils sont pour l'issue finale d'une campagne. »

Votre amour du Pays et vos sentiments d'humanité vous imposent donc le devoir de vous préparer avec ardeur, dès aujourd'hui, à l'œuvre nationale de secours dont la Patrie pourrait, dès demain, réclamer les services. Et j'ai la certitude, Mesdames, que votre dévouement surpassera de beaucoup celui de vos émules d'Outre-Rhin.

Comme vous le savez, il existe en France trois Sociétés de secours aux blessés qui sont reconnues par l'État comme établissements d'utilité publique.

Ce sont, par ordre chronologique :

1º *L'Association Internationale de Secours aux Blessés*, organisée d'après les principes de la Convention de Genève et connue sous le nom de *Société de la Croix-Rouge ;*

2º *L'Association des Dames Françaises ;*

3º *La Société de l'Union des Femmes de France* dont vous faites partie.

Mais ce n'est pas d'aujourd'hui que date l'élan des cœurs généreux qui les pousse à réunir leurs efforts pour atténuer les souffrances des malheureuses victimes de nos luttes sanglantes. Il existait déjà, au moyen âge, des Ordres à la fois religieux et militaires, qui avaient pour mission de secourir les blessés sur les champs de bataille. Tel était le rôle des Chevaliers de Malte et de Saint-Jean-de-Jérusalem, dont les successeurs ont rendu de si grands services à l'armée anglaise pendant la guerre d'Orient. Tel était également le rôle de ces sublimes filles de la charité appartenant à la Compagnie fondée en 1150 par Louise de Marillac.

***

Tous ces nobles dévouements, dont le souvenir est impérissable, ont rendu de très grands services à une époque où l'on n'avait pas encore poussé à des limites incalculables le perfectionnement des moyens et des engins de destruction, à une époque où il était encore possible de recueillir les blessés à proximité même des champs de bataille.

Mais aujourd'hui que les pertes, après chaque combat, se chiffrent par des milliers d'hommes, ces secours isolés sont plus qu'insuffisants, ils peuvent même, par le fait de leur indépendance, devenir une entrave pour les opérations de l'armée. D'ailleurs, la crainte d'un encombrement pernicieux de malades et de blessés, l'intérêt de donner à ces malades des soins plus complets dans des hôpitaux éloignés du théâtre de la guerre et mieux pourvus de toutes choses, sont des motifs qui portent à évacuer le plus rapidement possible les malades et les blessés des hôpitaux de campagne vers les hôpitaux établis sur le sol de la Patrie, loin des opérations militaires.

C'est alors que la population civile toute entière devra devenir l'auxiliaire et le soutien de celle qui souffre et meurt pour elle ; c'est alors, Mesdames, que vous trouverez un vaste terrain où votre généreuse nature pourra se donner libre carrière.

Mais il faut malheureusement le reconnaître, ce n'est pas chez nous que se sont tout d'abord développés ces nobles sentiments de patriotisme, l'exemple nous est venu de l'étranger et il ne nous a fallu rien moins que la leçon terrifiante de nos derniers désastres pour nous faire sortir de l'inqualifiable sécurité dans laquelle nous restions endormis. Enfin, le réveil s'est fait et nous travaillons sans relâche pour nous mettre en mesure d'effacer un jour les hontes du passé.

Les exemples auraient cependant dû nous faire sortir plus tôt de notre dangereuse indifférence.

En Crimée nous avions eu sous les yeux l'armée anglaise qui combattait à nos côtés et dont le service médical, après plusieurs mois d'une cruelle expérience, fit appel au concours de l'Ordre des Chevaliers de St-Jean, représenté en Orient par une femme héroïque, miss Nightingale. Dès lors les fautes hygiéniques de l'administration française furent évitées dans l'armée anglaise par l'emploi rationnel des secours. Cette guerre nous a coûté 95,615 hommes sur lesquels 10,240 furent tués à l'ennemi et 10,000 sont morts des suites de leurs blessures. Mais parmi ces derniers, la moitié au moins a succombé, non pas aux suites naturelles des blessures, mais à des complications infectieuses évitables par la dissémination et dont on aurait pu et dû entraver la marche au lieu d'attendre dix-huit mois avant de tenter l'emploi des moyens mis en pratique par nos alliés.

Dans l'armée anglaise la mortalité qui atteignait au début 356 pour mille, c'est-à-dire près du tiers du chiffre des combattants, tomba rapidement à 60, et plus tard à 24, puis à 12 pour mille.

Malgré cet exemple, dont nous célébrions les admirables résultats, nous regardions encore impassibles se former de l'autre côté du Rhin l'Union patriotique des Dames allemandes, sans nous soucier des services que les femmes françaises pourraient aussi nous rendre en temps de guerre.

Cette œuvre germanique dont je parle comprend toutes les classes de la société; elle fut fondée par l'archiduchesse Louise de Bade et depuis patronnée par l'impératrice Augusta.

Quand éclata la guerre d'Italie, en 1859, on n'avait pas fait un pas vers le progrès. Il a fallu qu'un étranger, M. Henri Dunant, de Genève, après avoir parcouru le champ de bataille de Solférino où gisaient presque sans secours des milliers de blessés au milieu d'autant de morts, jetât à l'Europe un immense cri de compassion dans le but de convier tous les peuples à s'intéresser au sort des victimes de la guerre. La société genévoise d'utilité publique accueillit les idées de Dunant, et le 23 février 1863, elle sollicitait les Etats européens à s'associer à une œuvre aussi généreuse. L'année suivante, 22 août 1864, la Convention de Genève qui établissait la neutralisation des blessés et des services sanitaires était rédigée et signée par quatorze représentants des Etats européens, auxquels se sont joints successivement les Etats qui n'avaient pas été représentés au Congrès de Genève.

Mais en France personne ne voulut tout d'abord prendre l'initiative de la fondation d'une société de secours, et ce fut encore le Comité international de Genève qui organisa la Société française de secours aux blessés de terre ou de mer, sous le nom de *Société de la Croix-Rouge*. Le décret du 28 juin 1866 la reconnut comme établissement d'utilité publique, et celui du 3 juillet 1884 règle pour l'avenir son fonctionnement et ses rapports avec l'autorité militaire. Il y est dit :

« ARTICLE PREMIER. — La Société française de secours aux blessés de terre et de mer est autorisée à seconder en temps de guerre le service de santé militaire, et à faire parvenir aux malades et blessés les dons qu'elle reçoit de la générosité publique.

» Pour l'accomplissement de cette mission, elle est placée sous l'autorité du commandement et des directeurs du service de santé.

» ART. 2.—L'intervention de la dite Société consiste en temps de guerre : 1° A créer dans les places de guerre et les localités qui lui sont désignées par le Ministre de la guerre ou les généraux commandant le territoire, suivant le cas, des hôpitaux destinés à recevoir des blessés et des malades appartenant aux armées,

2° A prêter son concours au service de l'arrière, en ce qui concerne les trains d'évacuation, les infirmeries de gare et les hôpitaux auxiliaires du théâtre de la guerre. Ce concours ne peut être étendu ni au service de première ligne ni aux hôpitaux d'évacuation dont demeure exclusivement chargé le service de santé militaire. »

En reconnaissant la Société de la Croix-Rouge comme établissement d'utilité publique, en la soumettant aux règlements militaires, l'Etat s'engage donc à prendre la responsabilité de ses actes et elle ne saurait devenir une œuvre de parti. Vous verrez tout à l'heure, mesdames, que l'Union des Femmes de France, se trouvant placée dans les mêmes conditions, elle ne pourrait pas davantage se détourner de son but légal. Cette seule considération suffit pour réduire à néant toutes les attaques malveillantes dirigées contre elle, car vous savez ce qu'il en coûte de faire acte d'indiscipline.

Lorsqu'éclata la guerre de 1870, l'organisation du service de santé militaire n'était pas plus avancée qu'aux époques des guerres de Crimée et d'Italie. Son personnel était restreint à 1300 médecins ou pharmaciens et à un chiffre insignifiant d'infirmiers, et cependant nous avions à faire face à des besoins jusqu'alors inconnus. « L'Allemagne au contraire avait tout prévu, tout préparé, elle lançait sur la France ses armées suivies de 6.000 médecins appartenant à tous les bans d'appel, de 8336 aides de lazaret, et de 20.507 infirmiers et brancardiers d'ambulance, sans compter la section des brancardiers régimentaires. »

Aussi les résultats de notre indifférence furent-ils des plus lamentables ; la mortalité fut effrayante : nous avons perdu 136.000 hommes, tandis que les Allemands n'en ont perdu que 45.000 pendant la même période de temps. Leurs blessés furent cependant beaucoup plus nombreux, mais la maladie fit dans nos rangs plus de 100.000 victimes qu'on aurait pu sauver en grand nombre en perfectionnant nos moyens de secours.

La Société de la *Croix-Rouge* elle-même n'était pas prête, elle était à peine ébauchée, il lui manquait le personnel, le matériel et surtout la cohésion, car ce n'était pas une Société qui fonctionnait, mais une foule de petites sociétés indépendantes dont le manque d'unité obligea le gouvernement de la Défense à promulguer le 31 décembre 1870 un décret obligeant toutes les ambulances volantes. nationales ou étrangères, à se placer sous la direction et la responsabilité de la Société internationale.

C'est alors seulement que l'on comprit la nécessité de réunir longtemps à l'avance tous les moyens d'action et surtout de se fusionner à l'élément militaire pour remplir à l'heure du danger un rôle véritablement utile.

Peu de temps après la guerre, deux nouvelles sociétés de secours se sont organisées en France : l'*Association des Dames Françaises* et l'*Union des Femmes de France*. Mais tandis que la *Société de la Croix-Rouge* éloignait les femmes de la direction et du service des malades, ces deux dernières sociétés les ont au contraire intéressées à leur œuvre en leur réservant une place importante dans la direction et l'exécution.

C'est le professeur Duchaussoy, de la faculté de Paris, qui, frappé des immenses services que rendaient les Dames Allemandes, eut l'heureuse idée d'utiliser également en France, au profit de nos blessés et au nom de la charité nationale, tous les nobles dévouements dont les femmes françaises sont pour le moins aussi capables.

Dès cette époque déjà, les critiques n'ont pas manqué pour rendre bien difficiles les débuts de cette institution, mais l'œuvre finit enfin par s'organiser sous le nom d'*Association des Dames françaises* avec le concours de Madame Kœklin-Schwarts, la présidente actuelle de l'Union.

Toutefois, quelque temps après, un certain nombre d'adhérentes trouvant qu'on ne leur faisait pas encore la part assez large dans la direction et l'administration des secours, pour qu'elles puissent satisfaire leur immense besoin de dévouement patriotique, reprirent leur indépendance et organisèrent en 1881 la Société de l'*Union des Femmes de France*. Cette nouvelle institution diffère de la précédente en ce sens que c'est vous seules, Mesdames, qui en êtes les fondatrices et les apôtres, et que les hommes n'interviennent sur votre demande que pour vous aider de leurs conseils et de leurs lumières.

Le Comité de Nimes est essentiellement votre œuvre ; vous en avez toute la responsabilité, c'est à vous qu'incombe le soin de l'étendre par la séduction de vos paroles, par vos relations dans le monde, et de le perfectionner par une direction intelligente qui nécessite un ensemble de notions que vous pourrez acquérir dans nos réunions scolaires.

C'est dans ce but que des cours s'ouvriront à la fin de l'été sur l'initiative de votre commission d'enseignement. Les uns auront lieu pendant la journée et ces cours vous seront réservés à vous, Mesdames, qui devez prendre plus tard la direction des services auxiliaires. Vous y apprendrez à reconnaître par vous-mêmes l'état d'un malade ou d'un blessé, à juger de la gravité de sa situation, à diriger au besoin son transport. On vous fera comprendre quelles sont les conditions hygiéniques que doit présenter un local destiné à devenir établissement hospitalier, ainsi que les mesures que vous auriez à prendre en cas d'infection.

On vous donnera en outre des notions d'administration suffi-santes pour vous permettre de gérer les hôpitaux qui vous seront confiés.

D'autres conférences aaront lieu le soir pour le personnel subalterne, c'est-à-dire pour les personnes qui, ne pouvant dis-poser de leur temps pendant le jour, voudraient néanmoins apporter à votre œuvre leur part de dévouement, en acquérant les connaissances nécessaires pour remplir utilement le rôle d'infir-mières.

C'est le 6 août 1882 que l'*Union des Femmes de France* fut reconnue comme établissement d'utilité publique, et le 21 décem-bre 1886 parut son décret d'organisation. La société des *Dames françaises* ne fut reconnue que le 23 février 1883, mais son décret d'organisation parut un peu avant celui de l'*Union,* c'est-à-dire le 16 novembre 1886.

Ces deux décrets portant règlement pour le fonctionnement de l'*Association des Dames françaises* et pour celui de l'*Union des Femmes de France*, sont absolument identiques.

Les deux premiers articles sont ainsi conçus :

« ARTICLE PREMIER. — L'*Association des Dames françaises* ou l'*Union des Femmes de France* (suivant le cas), est autorisée à seconder, en temps de guerre, le service de santé militaire et à faire parvenir aux malades ou blessés les dons qu'elle reçoit de la générosité publique.

» Pour l'accomplissement de cette mesure, elle est placée sous l'autorité du commandement et des Directeurs du service de santé.

» ART. 2. — L'intervention de la Société est limitée au ser-vice du territoire.

» Elle peut consister :

» 1° A créer dans les places de guerre et les localités désignées par le Ministre de la guerre ou les Généraux commandant le territoire, suivant le cas, des hôpitaux auxiliaires destinés à recevoir des blessés et des malades appartenant aux armées;

» 2° A faire parvenir aux blessés les dons volontaires qu'elle a recueillis. »

Je vous ferai remarquer, Mesdames, que ce n'est pas l'argent qui tient l'unique place dans ces dons généreux. Ainsi à Porquerolles, petite île située en face de Hyères et où je fus appelé en 1886 pour créer un hôpital de 300 lits destinés à recevoir les malades rapatriés du Tonkin, l'*Union des Femmes de France* nous fit parvenir tout ce qui pouvait contribuer au bien-être de nos convalescents. Outre une forte somme d'argent dont je n'ai pas retenu le chiffre, j'ai reçu pour distribuer à chaque homme : des ceintures et des chemises de flanelle, des chemises et des caleçons de toile, des chaussettes et des souliers; du vin de Banuyls, du tabac, des pipes et du papier à cigarettes ; des porte-plumes, des crayons, de l'encre, des plumes et du papier à lettre ; des jeux de toutes sortes et même une collection de 80 volumes pour égayer les plus valides.

L'Etat ne peut pas faire tout cela, il est lié par des crédits qui ne lui permettent pas de faire ce que vous faites, il ne doit pas dépasser les allocations règlementaires.

Mais, me dira-t-on, si le but est absolument le même, si les moyens d'action sont identiques, à quoi bon ces trois sociétés de secours au lieu d'une seule ? C'est la question que je me suis posée moi-même comme médecin militaire appelé peut-être un jour à avoir des rapports de service avec vous.

Or, il faut bien le reconnaître, le service sera d'autant plus difficile et l'assistance des malades d'autant moins assurée, qu'il y aura moins d'entente, moins d'unité dans la direction des secours. Aussi j'applaudis de toutes mes forces à l'idée déjà émise, je crois, de créer un Grand Conseil des sociétés de secours dans lequel figureraient, en nombre égal, des représentants de toutes les Associations indépendantes. On y discuterait en commun toutes les mesures à prendre pour arriver à atteindre, le plus sûrement possible, le but poursuivi, et, en temps de guerre, ce conseil serait chargé de la répartition équitable des secours entre chaque comité. Il seconderait ainsi considérablement la 7mo direction du ministère de la guerre et y serait rattaché.

Mais des considérations d'un autre ordre motivent, jusqu'à un certain point, l'existence de nos trois sociétés de secours. D'une part : la Croix-Rouge exclut la femme de sa direction et tandis que l'Association des dames françaises accorde une part à peu près égale à l'homme et à la femme, l'Union abandonne entièrement à cette dernière toute la responsabilité de son œuvre et stimule ainsi davantage ses sentiments d'humanité. En outre, Mesdasmes, on n'empêchera jamais les préférences sociales de se manifester ; instinctivement chacun de nous aime à vivre dans son milieu, avec les personnes dont les idées et les habitudes sont plus en harmonie avec les siennes. Vous ne devez donc pas être surprises que pour l'accomplissement d'une œuvre qui demande à être aussi générale, il se soit formé plusieurs associations indépendantes concourant toutes néanmoins au même but : le soulagement et la conservation des victimes de la guerre.

Et c'est parce que vous n'êtes pas une association de parti que vous ne devez pas seulement vous en tenir à recruter des adeptes pour l'Union, mais que vous devez encore faire comprendre aux personnes de votre entourage, qui hésitent à vous suivre, que leur patriotisme exige qu'elles apportent à la grande œuvre nationale de secours l'appoint de leur dévouement, en s'enrôlant sous une bannière quelconque. Et si demain les *Dames françaises* venaient à Nimes pour chercher à y réunir toutes les bonnes volontés que l'Union n'a pu convaincre, je serais un des premiers à leur offrir mes services.

Je résume les considérations précédentes en vous disant : Ne perdons jamais de vue l'image de la Patrie, rappelons-nous sans cesse que la France entière doit être prête le jour où elle sollicitera l'aide de tous ses enfants pour sauver son honneur et son territoire.

Je vais maintenant, Mesdames, vous exposer quelle est l'organisation actuelle du service de santé en campagne et le rôle respectif des trois Sociétés de secours. C'est dans le but de vous faire mieux saisir le fonctionnement simultané de ces différents services que j'ai préparé le croquis figuratif que je place sous vos yeux.

L'objet du service de santé en campagne est parfaitement défini par le premier article du règlement du 25 août 1884.

« ARTICLE PREMIER. — Ce service a pour objet :

« 1º La prévision, la préparation et l'exécution des mesures d'hygiène destinées à assurer le bon état de santé des troupes ;

» 2º Les premiers soins à donner aux malades et blessés en marche, en station et sur le champ de bataille ;

» 3º a Le triage méthodique des malades et blessés, afin d'assurer la conservation des effectifs et d'éviter l'encombrement du théâtre des opérations; b, le traitement sur place des malades et blessés atteints légèrement, ou qui, en raison de la gravité de leur état, ne peuvent être évacués; c, l'évacuation rapide vers l'arrière de tous les autres malades ou blessés ;

» 4º Les mesures à prendre pour combattre les épidémies et pour protéger le territoire national contre leur importation ;

» 5° L'initiative des mesures à prendre pour l'entretien des établissements hospitaliers de la mère-patrie et la création d'établissements nouveaux, afin de donner satisfaction à tous les besoins résultant de la guerre ;

» 6° Le service de santé dans les sièges.

Il se divise en :

1° Service de l'avant ou service des corps d'armée qui s'exerce dans la zone de combat ;

2° Service de l'arrière dans la zone des étapes ;

3° Service d'hospitalisation à l'intérieur ou service du territoire.

Dès le début de la guerre, le Ministre délimite sur le territoire national deux zones distinctes pour le service des chemins de fer et celui des étapes. *L'une, zone du territoire*, située en deça de la base d'opération, c'est-à-dire de la ligne qui limite la région d'où partent les approvisionnements et les ressources de toute nature destinés aux troupes qui opèrent, elle relève du Ministre de la guerre ; l'*autre*, située au-delà de cette base, relève du commandement en chef des armées.

Cette dernière se subdivise elle-même en deux zones secondaires. La première, *zone de l'arrière*, s'étend de la base d'opération jusqu'à deux marches environ des cantonnements du gros du corps d'armée qu'elle relie avec le territoire ; la deuxième comprend l'étendue du terrain occupé par les troupes qui opèrent (zone de combat). Au fur et à mesure que l'armée avance, la zone de l'arrière s'agrandit et l'on est forcé d'y créer des subdivisions territoriales.

Au point de vue du service sanitaire, la zone de combat comprend tout *le service de l'avant*, entièrement assuré par le personnel médical de l'armée active renforcé d'un certain nombre de médecins de la réserve et de l'armée territoriale et de médecins auxiliaires. Ce personnel est secondé par les infirmiers et brancardiers régimentaires, les infirmiers et brancardiers d'ambulance. Ses moyens d'action consistent à établir des *postes de secours* à proximité de la ligne de feu, à l'aide des voitures médicales régimentaires. Ces postes de secours constituent *la première station* de pansement où les brancardiers régimentaires, après avoir parcouru le champ de bataille, transportent le plus vite possible tous les soldats blessés.

Ceux-ci, une fois mis en état de supporter un nouveau trajet, sont repris par les voitures ou les brancardiers des *ambulances* et ils reçoivent, dans ce deuxième échelon de secours, des soins déjà plus complets. Mais les ambulances, au nombre de quatre par corps d'armée, ne doivent jamais abandonner pendant plus de vingt-quatre heures leur place dans la marche en bataille. Aussi font-elles tous leurs efforts pour évacuer entièrement leurs malades et blessés le plus rapidement possible sur le *troisième échelon* des formations sanitaires de l'avant, c'est-à-dire sur les douze hôpitaux de campagne que possède chaque corps d'armée. Cependant si certains malades ou blessés ne sont absolument pas transportables, un hôpital de campagne s'avance pour prendre la place de l'ambulance.

Mais ces hôpitaux mobiles de campagne qui reçoivent continuellement de nouveaux convois évacués soit des postes de secours, soit des ambulances, seraient bientôt encombrés, si, à leur tour, ils n'expédiaient pas aussi promptement que possible leurs malades sur la zone de l'arrière. Toutefois si la gravité de certaines blessures ou maladies réclame d'une manière absolue l'hospitalisation sur place, ils s'immobilisent momentanément jusqu'à ce qu'ils puissent être relevés par le personnel et le matériel auxiliaire de la Croix-Rouge.

Tous les hôpitaux de campagne dirigent donc leurs malades et blessés sur l'hôpital d'évacuation situé à la limite la plus avancée de la zone de l'arrière dont il dépend ; celui-ci les repartit ensuite, après un certain triage, selon la gravité des cas, entre les hôpitaux du territoire et les établissements temporaires établis à proximité par les soins de la *Société internationale*.

C'est alors que les différentes sociétés de secours entrent en action. Presque tout le service médical de la zone de l'arrière, à part les hôpitaux d'évacuation, est confié au personnel de la Croix-Rouge qui dirige les convois d'évacuation, les infirmiers de gare et de gîte d'étapes. ainsi que les nombreux hôpitaux auxiliaires où seront reçus les plus grands malades ou blessés qui ne pourraient pas supporter un nouveau transport.

Ce service de l'arrière sera donc, pour le moins, aussi chargé et aussi important que le service de l'avant, et la *Société de la Croix-Rouge* ne parviendra à faire face à tous ses besoins et à remplir la tâche immense qu'elle s'est imposée qu'autant qu'elle aura recruté et organisé longtemps à l'avance tout son personnel et tout son matériel.

Nous arrivons maintenant, Mesdames, sur le terrain où devra s'exercer votre dévouement, c'est *la troisième zone* qui comprend tout l'ensemble du *territoire*.

L'autorité militaire, constamment prévenue des ressources hospitalières de telle ou telle ville, de tel ou tel comité, dirige vers ces points les trains et les convois sanitaires. Alors les malades seront installés par vos soins dans des locaux que vous aurez préparés pour les recevoir et votre ardente sollicitude, en relevant leur courage, les aidera à supporter leurs souffrances et à marcher rapidement vers la guérison.

Vous n'aurez donc pas à vous déplacer, c'est à la porte de votre logement que vous pourrez donner satisfaction à tous vos sentiments généreux. Et la France, secondée comme elle le sera par toutes les mères, par toute la population qui ne peut combattre, pourra dorénavant employer toutes ses forces à vaincre ses ennemis.

Les règles d'hygiène nous font aujourd'hui une loi de disperser le plus possible les malades par petits groupes afin d'éviter les dangers de l'encombrement. Il ne faut donc pas rechercher les grands hopitaux ou les grands établissements pour accumuler des masses de blessés qui seraient confiés à la même direction. Vos petits hopitaux auxiliaires de 25 à 30 lits répondront beaucoup mieux aux besoins du moment et devront être utilisés les premiers.

Je vous remercie, Mesdames, de l'attention que vous avez bien voulu m'accorder en écoutant jusqu'au bout l'exposé que je viens de vous faire. Il vous a peut-être paru un peu long, mais je l'ai cru indispensable pour vous faire bien comprendre le rôle que vous êtes appelées à jouer pendant les guerres de l'avenir.

Quand viendra le jour où notre cher Drapeau aura besoin de tous ses défenseurs, vous serez là pour exciter leur courage, ranimer leur confiance et panser leurs blessures.

Telle est la noble mission réservée aux femmes de France et celles de Nimes sauront se distinguer entre toutes les autres par leur patriotisme et leur charité.

Nimes. — Imp. ROGER & LAPORTE, place Saint-Paul, 5. — 7-88